Un roman

LA GRANDE BARRIÈRE

DE CORAIL

Joyau de l'Océan

AUTEUR
<u>PAUL BERTUCCI</u>

Vous pouvez retrouver notre site sur
www.azzimut.fr

INTRODUCTION

Il existe des merveilles sur Terre qui transcendent l'imagination humaine, des endroits où la nature se pare de sa plus grande splendeur pour nous offrir un spectacle qui défie toute description. L'un de ces trésors de la planète se trouve dans les eaux chaudes et scintillantes de la mer de Corail, au large de la côte nord-est de l'Australie : la Grande Barrière de Corail. C'est un monument vivant, une œuvre d'art de la nature qui s'étend majestueusement sur plus de 2 300 kilomètres. Elle est la plus grande structure vivante de notre planète, une merveille sous-marine qui captive les plongeurs intrépides, intrigue les scientifiques et inspire les amoureux de la nature du monde entier.

La Grande Barrière de Corail est bien plus qu'un simple assemblage de coraux. C'est un véritable écosystème marin complexe, une cité sous-marine foisonnante de vie, un labyrinthe de couleurs, de formes et de créatures incroyables. Les récifs coralliens qui la composent sont le fruit d'une collaboration millénaire entre de minuscules polypes de corail, qui, par leur travail acharné et leur persévérance, ont bâti un empire sous-marin de coraux aux teintes chatoyantes.

L'histoire de la Grande Barrière de Corail remonte à des millions d'années, à une époque où les premiers polypes de corail ont commencé à construire patiemment les fondations de cette merveille naturelle. Au fil du temps, ces organismes fragiles mais déterminés ont créé un paysage sous-marin exceptionnel, un monde de merveilles qui continue d'émerveiller et d'inspirer tous ceux qui ont la chance de l'explorer.

Ce livre vous invite à plonger dans les profondeurs de la Grande Barrière de Corail, à explorer ses secrets les plus intimes, à rencontrer ses habitants fascinants, et à comprendre les défis cruciaux auxquels elle est confrontée. Tout au long de ces pages, nous partirons à la découverte de la richesse de la biodiversité qui prospère dans ses eaux scintillantes, tout en explorant les menaces qui pèsent sur cet écosystème fragile.

Mais avant de nous aventurer plus loin dans cet extraordinaire voyage, il est essentiel de comprendre pourquoi la Grande Barrière de Corail est non seulement un trésor de la nature, mais aussi un écosystème qui joue un rôle vital dans la santé de notre planète. Elle est le reflet de la beauté, de la fragilité et de la puissance de la nature, et elle nous rappelle que la préservation de nos océans est une responsabilité collective que nous ne pouvons ignorer.

Au fil des pages de ce livre, nous vous invitons à plonger dans les profondeurs de la Grande Barrière de Corail, à explorer ses merveilles cachées et à prendre conscience de l'importance cruciale de la protéger pour les générations futures. Bienvenue dans le monde extraordinaire de la Grande Barrière de Corail : un joyau de l'Océan Pacifique qui mérite d'être découvert et préservé.

-

❖

CHAPITRE 1

LES ORIGINES DE LA GRANDE BARRIÈRE DE CORAIL

Les Pionniers Coralliens

L'histoire de la Grande Barrière de Corail commence il y a des millions d'années, lorsque de minuscules organismes marins appelés polypes de corail ont commencé à construire les bases de ce que nous connaissons aujourd'hui comme l'une des merveilles naturelles les plus exceptionnelles de la planète. Ces polypes, de simples créatures animales semblables à de petits anémones de mer, ont développé une capacité unique à sécréter du carbonate de calcium pour former des exo-squelettes solides autour d'eux.

Ces polypes se sont regroupés en colonies, chacune d'entre elles étendant son empire de corail lentement, mais sûrement. Au fil des millénaires, ces colonies ont créé d'énormes structures calcaires sous-marines, les récifs coralliens. La croissance de ces récifs est un processus qui peut sembler imperceptible à l'échelle humaine, mais qui a façonné une grande partie de la géographie sous-marine de la région.

L'Évolution du Paysage Sous-Marin

Au fur et à mesure que les récifs coralliens grandissaient, ils ont également contribué à façonner le paysage sous-marin environnant. Les canyons, les grottes et les formations rocheuses ont émergé de cette collaboration millénaire entre les polypes de corail et les éléments naturels. Les dédales complexes de la Grande Barrière de Corail offrent aujourd'hui un terrain de jeu sans pareil pour les plongeurs et les chercheurs.

Le Monde Secret des Coraux

Les coraux qui composent la Grande Barrière ne sont pas simplement de jolies structures calcaires. Ils abritent également une multitude de petits organismes et de micro-écosystèmes. Les coraux durs, comme les coraux cerveau et les coraux acropora, coexistent avec les coraux mous et les anémones de mer pour créer un habitat diversifié pour une myriade de créatures marines, des plus petits poissons aux plus grandes tortues de mer.

CHAPITRE 2

LA BIODIVERSITÉ DE LA GRANDE BARRIÈRE DE CORAIL

Au cœur de la Grande Barrière de Corail, un monde fascinant de biodiversité marine s'épanouit. Cette merveille sous-marine est le foyer d'une incroyable variété de créatures, grandes et petites, colorées et discrètes. Dans ce chapitre, nous plongerons dans les eaux chatoyantes de la Grande Barrière pour découvrir la vie qui anime ce récif spectaculaire.

Les Poissons de la Grande Barrière

Lorsque l'on évoque la Grande Barrière de Corail, la première image qui vient à l'esprit est souvent celle des poissons tropicaux aux couleurs vives qui nagent gracieusement parmi les coraux. Ces poissons, tels que les poissons-clowns, les poissons-papillons, les chirurgiens, et bien d'autres, ajoutent une touche de couleur à cet écosystème déjà coloré. Les poissons-clowns, en particulier, sont des habitants emblématiques des anémones de mer et sont souvent associés à la Grande Barrière de Corail en raison de leur relation symbiotique avec ces créatures piquantes.

Les Tortues de Mer Majestueuses

    Les eaux de la Grande Barrière de Corail abritent également certaines des populations de tortues de mer les plus importantes au monde. Parmi elles, les tortues vertes et les tortues imbriquées viennent pondre leurs œufs sur les plages de l'Australie avant de retourner se nourrir dans les récifs coralliens. Observer ces majestueuses créatures marines évoluer dans leur environnement naturel est une expérience inoubliable.

Les Raies Manta Envoûtantes

    Parmi les créatures les plus impressionnantes qui parcourent les eaux de la Grande Barrière de Corail, on trouve les raies manta. Ces géants des mers, avec leurs ailes en forme de diamant, semblent voler gracieusement dans les abysses. Leur présence majestueuse est une véritable attraction pour les plongeurs du monde entier. Dans ce chapitre, nous découvrirons leur mode de vie intrigant et leur importance dans l'écosystème de la barrière de corail.

La Micro-faune et la Faune Cachées

    Bien que les poissons, les tortues et les raies manta soient des habitants emblématiques de la Grande Barrière de Corail, l'écosystème recèle également une multitude de créatures plus petites et moins connues. Les hippocampes, les nudibranches et les étoiles de mer, parmi d'autres, jouent un rôle crucial dans l'équilibre délicat de cet environnement sous-marin complexe.

CHAPITRE 3

LES MENACES QUI PÈSENT SUR LA GRANDE BARRIÈRE DE CORAIL

La Grande Barrière de Corail est l'un des écosystèmes marins les plus précieux et les plus vulnérables de la planète. Malheureusement, elle est confrontée à un ensemble de menaces qui mettent en péril sa survie et sa santé à long terme. Dans ce chapitre, nous explorerons les défis cruciaux auxquels la Grande Barrière de Corail est confrontée, mettant en lumière les facteurs qui la rendent si vulnérable.

Le Changement Climatique et le Blanchissement Corallien

L'un des défis les plus pressants auxquels la Grande Barrière de Corail est confrontée est le changement climatique. Les émissions de gaz à effet de serre ont entraîné un réchauffement des eaux océaniques, ce qui a des conséquences dévastatrices pour les coraux. Lorsque les températures de l'eau augmentent, les coraux expulsent leurs symbiotes algaux, perdent leur couleur et deviennent vulnérables aux maladies. Ce phénomène est connu sous le nom de blanchissement corallien, et il a des répercussions graves sur les récifs de la Grande Barrière.

La Pollution Marine

La pollution marine est un autre facteur de menace pour la Grande Barrière de Corail. Les déchets plastiques, les produits chimiques agricoles et les sédiments provenant du développement côtier peuvent avoir un impact néfaste sur la qualité de l'eau, la santé des coraux et la vie marine en général. Les polluants peuvent provoquer la prolifération d'algues nuisibles, étouffer les coraux et entraîner la mort de nombreux habitants marins.

La Surpêche

La surpêche est une menace qui pèse également sur la Grande Barrière de Corail. Lorsque les populations de poissons sont surexploitées, cela perturbe l'équilibre de l'écosystème. Les poissons jouent un rôle crucial en maintenant la santé des récifs coralliens en éliminant les algues concurrentes. Une diminution des populations de poissons peut entraîner une prolifération des algues, nuisant ainsi aux coraux.

Le Développement Côtier

Le développement côtier incontrôlé, y compris la construction d'infrastructures côtières, les ports et les zones résidentielles, peut avoir un impact direct sur la Grande Barrière de Corail. Le ruissellement des eaux pluviales chargées de sédiments et de produits chimiques depuis ces zones peut contaminer les récifs coralliens, tandis que l'augmentation de la navigation maritime peut entraîner des accidents de bateaux et des déversements de carburant.

Les Espèces Envahissantes

L'introduction d'espèces envahissantes est un autre facteur de menace pour la Grande Barrière de Corail. Les espèces envahissantes peuvent perturber les écosystèmes marins en concurrençant les espèces indigènes, en mangeant les coraux ou en perturbant les chaînes alimentaires.

Ce chapitre met en lumière les multiples menaces qui pèsent sur la Grande Barrière de Corail, menaçant sa survie et la diversité incroyable de la vie qu'elle abrite. Cependant, il est essentiel de comprendre que des efforts considérables sont déployés pour protéger et restaurer cet écosystème fragile, comme nous le verrons dans le chapitre suivant sur la conservation de la Grande Barrière de Corail.

CHAPITRE 4

LA CONSERVATION DE LA GRANDE BARRIÈRE DE CORAIL

Face aux menaces qui pèsent sur la Grande Barrière de Corail, des efforts de conservation considérables ont été entrepris pour protéger cet écosystème exceptionnel. Dans ce chapitre, nous explorerons les mesures innovantes et les initiatives cruciales mises en place pour sauver la Grande Barrière de Corail et préserver sa beauté naturelle pour les générations futures.

Les Aires Marines Protégées

L'une des stratégies clés de conservation de la Grande Barrière de Corail est la création d'aires marines protégées. Ces zones offrent un sanctuaire où la pêche est réglementée ou interdite, permettant aux populations de poissons et de coraux de se rétablir. La Grande Barrière de Corail est parsemée de nombreuses aires marines protégées qui jouent un rôle essentiel dans la préservation de ses récifs.

La Lutte contre le Changement Climatique

La lutte contre le changement climatique est au cœur des efforts de conservation de la Grande Barrière de Corail. Les scientifiques, les gouvernements et les organisations environnementales travaillent ensemble pour réduire les émissions de gaz à effet de serre et atténuer les effets du réchauffement climatique. Des initiatives visant à protéger les coraux pendant les épisodes de blanchissement corallien sont également en cours.

La Sensibilisation du Public

Sensibiliser le public à l'importance de la Grande Barrière de Corail est une composante cruciale de la conservation. Des campagnes de sensibilisation visent à informer les gens sur les menaces qui pèsent sur le récif et à encourager des pratiques durables telles que la réduction de la consommation de plastique, la protection des écosystèmes côtiers et le respect des règlements de protection de la barrière de corail.

La Recherche Scientifique

La recherche scientifique joue un rôle central dans la conservation de la Grande Barrière de Corail. Les scientifiques étudient la santé des coraux, surveillent les populations de poissons et examinent les effets du changement climatique pour mieux comprendre les défis auxquels la barrière de corail est confrontée. Ces données sont essentielles pour orienter les efforts de conservation.

La Restauration des Coraux

La restauration des coraux est une approche innovante qui consiste à cultiver des coraux en pépinières marines et à les réintroduire sur les récifs endommagés. Cette méthode vise à accélérer le rétablissement des coraux après des événements tels que le blanchissement corallien.

Les efforts de conservation de la Grande Barrière de Corail sont un exemple inspirant de la façon dont les communautés, les gouvernements et les organisations travaillent ensemble pour protéger notre environnement naturel. Cependant, la tâche est immense, et la préservation de cet écosystème fragile dépendra de notre engagement continu à réduire les menaces qui pèsent sur elle.

CHAPITRE 5

L'EXPLORATION DE LA GRANDE BARRIÈRE DE CORAIL

L'attrait irrésistible de la Grande Barrière de Corail réside dans son potentiel d'exploration. Plonger dans ses eaux cristallines équivaut à entrer dans un monde sous-marin enchanté, où chaque plongée révèle de nouvelles merveilles. Dans ce chapitre, nous partirons à la découverte des récifs coralliens, des créatures fascinantes et de la magie qui caractérisent cet écosystème unique.

Le Récif de Corail Vivant

Lorsque l'on plonge dans les eaux de la Grande Barrière de Corail, on est immédiatement accueilli par un spectacle éblouissant de couleurs. Les récifs coralliens ressemblent à des jardins sous-marins, avec des coraux durs et mous qui forment des structures complexes et des motifs hypnotisants. Chaque coin de la barrière de corail offre une vue différente, que ce soit des formations de corail en forme de cerveau, des éventails de corail délicats ou des colonies massives de coraux acropora aux couleurs vives.

La Vie Marine Extraordinaire

Les récifs de la Grande Barrière de Corail sont habités par une variété étonnante de créatures marines. Des poissons aux formes et aux couleurs incroyables se faufilent entre les coraux. Les tortues de mer, majestueuses et gracieuses, se déplacent lentement à travers les eaux. Les raies manta planent gracieusement dans les courants. Les requins de récif patrouillent en quête de proies. Les plongeurs et les snorkelers peuvent également découvrir des créatures plus petites mais tout aussi fascinantes, telles que les hippocampes, les nudibranches et les pieuvres.

Les Plongées Emblématiques

La Grande Barrière de Corail offre une multitude de sites de plongée parmi les plus emblématiques au monde. Des endroits tels que la passe d'Osprey, la grande faille de Yongala et la baie de Cod Hole offrent des expériences uniques pour les plongeurs. La visibilité exceptionnelle, les courants doux et les conditions idéales font de la plongée dans la Grande Barrière de Corail une expérience inoubliable.

La Plongée en Apnée

La plongée en apnée est une façon accessible et spectaculaire d'explorer la Grande Barrière de Corail. Les eaux peu profondes le long des récifs coralliens permettent aux plongeurs en apnée de découvrir de près la vie marine colorée. Des bateaux spécialement équipés emmènent les amateurs de snorkeling vers des sites riches en biodiversité, où ils peuvent nager aux côtés de poissons tropicaux et d'autres créatures marines.

La Grande Barrière de Corail est un véritable paradis pour les plongeurs et les amoureux de la nature. Les rencontres avec la vie marine, les explorations des récifs coralliens et les moments passés dans cet écosystème unique laissent des souvenirs inoubliables. Cependant, pour continuer à profiter de la beauté de la Grande Barrière de Corail, il est essentiel de la protéger et de préserver ses merveilles pour les générations futures.

CHAPITRE 6

UN AVENIR POUR LA GRANDE BARRIÈRE DE CORAIL

Dans les pages précédentes, nous avons exploré les origines fascinantes, la biodiversité incroyable, les menaces qui pèsent sur elle et les efforts de conservation déployés pour préserver la Grande Barrière de Corail. Toutefois, le voyage ne s'arrête pas là. Dans ce dernier chapitre, nous aborderons l'avenir de cette merveille naturelle et le rôle que chacun de nous peut jouer pour assurer sa pérennité.

La Grande Barrière de Corail : Un Trésor Fragile

La Grande Barrière de Corail est un écosystème complexe et fragile qui dépend de l'équilibre délicat entre ses habitants et son environnement. Les défis auxquels elle est confrontée, tels que le changement climatique, la pollution et la surpêche, ne sont pas seulement des problèmes locaux, mais des enjeux mondiaux. Le sort de la Grande Barrière de Corail est étroitement lié à la santé de nos océans et de notre planète dans son ensemble.

Un Appel à l'Action

L'avenir de la Grande Barrière de Corail repose sur notre capacité à agir. Chacun de nous a un rôle à jouer dans sa préservation. Voici quelques actions que nous pouvons entreprendre :

- **Soutenir les Initiatives de Conservation** : De nombreuses organisations travaillent dur pour protéger la Grande Barrière de Corail. En faisant des dons, en soutenant leur travail et en participant à des programmes de bénévolat, nous pouvons contribuer à leurs efforts.

- **Promouvoir la Durabilité** : Réduire notre empreinte écologique en adoptant des pratiques durables, comme la réduction de la consommation de plastique, le recyclage et la réduction de notre empreinte carbone, est essentiel pour préserver l'environnement marin.

- **Éduquer et Sensibiliser** : L'éducation et la sensibilisation du public sont des éléments clés de la préservation de la Grande Barrière de Corail. Partagez votre connaissance de cet écosystème avec d'autres, et encouragez les comportements respectueux de l'environnement.

- **Soutenir la Recherche Scientifique** : La recherche continue à jouer un rôle essentiel dans la compréhension des défis auxquels la Grande Barrière de Corail est confrontée. Soutenez la recherche scientifique et les efforts visant à mieux comprendre et à préserver cet écosystème unique.

Voyager de Manière Responsable : Si vous avez la chance de visiter la Grande Barrière de Corail, choisissez des opérateurs de tourisme respectueux de l'environnement qui suivent des pratiques de plongée et de snorkeling durables.

Protéger un Trésor Mondial

La Grande Barrière de Corail est un trésor mondial, une œuvre d'art de la nature, un écosystème irremplaçable. Elle nous rappelle la beauté et la diversité extraordinaires de notre planète et la nécessité de la protéger. Chacun de nous a la responsabilité de devenir un gardien de cet écosystème fragile, de prendre des mesures pour assurer son avenir et de transmettre cette responsabilité aux générations futures.

FINALITÉ

La Grande Barrière de Corail, ce joyau de l'Océan Pacifique, nous a emmenés dans un voyage extraordinaire à travers un monde sous-marin d'une beauté exceptionnelle et d'une diversité incroyable. De ses origines fascinantes à sa biodiversité envoûtante, en passant par les menaces qui pèsent sur elle et les efforts de conservation déployés pour la préserver, la Grande Barrière de Corail est une merveille naturelle qui continue de captiver et d'inspirer le monde.

Ce récif corallien colossal, vieux de millions d'années, est bien plus qu'un simple écosystème marin. C'est un témoignage vivant de la persévérance de la nature, de sa capacité à créer des merveilles à partir de petits organismes, de polypes de corail, travaillant en harmonie avec les éléments naturels. C'est un exemple de la beauté fragile de notre planète bleue, un rappel de la richesse de la biodiversité marine et de l'importance cruciale de protéger nos océans.

Pourtant, la Grande Barrière de Corail est confrontée à des défis monumentaux. Le changement climatique, la pollution, la surpêche, le développement côtier et d'autres menaces mettent en danger son avenir. Le blanchissement corallien, causé par le réchauffement des eaux, est devenu un phénomène inquiétant, laissant de vastes étendues de coraux pâles et vulnérables.

Cependant, il y a de l'espoir. Les efforts de conservation sont en cours, avec la création d'aires marines protégées, la lutte contre le changement climatique, la sensibilisation du public et la recherche scientifique visant à mieux comprendre les défis auxquels la Grande Barrière de Corail est confrontée. De plus, des initiatives de restauration des coraux offrent un moyen d'accélérer la guérison de cet écosystème précieux.

En fin de compte, la Grande Barrière de Corail nous rappelle que nous sommes les gardiens de la planète, responsables de la préservation de ses trésors naturels. En agissant de manière responsable, en soutenant la recherche, en promouvant la durabilité et en réduisant notre impact sur l'environnement, nous pouvons contribuer à protéger cette merveille pour les générations futures.

La Grande Barrière de Corail est un trésor de la nature qui nous invite à explorer, à préserver et à célébrer la splendeur de notre planète. Elle incarne l'espoir que, grâce à notre engagement collectif, cette merveille naturelle continue de briller dans toute sa gloire, un rappel éternel de la magie des océans et de la nécessité de protéger notre maison commune, la Terre.

FIN.